Inhalt

MECKLENBURG-VORPOMMERN

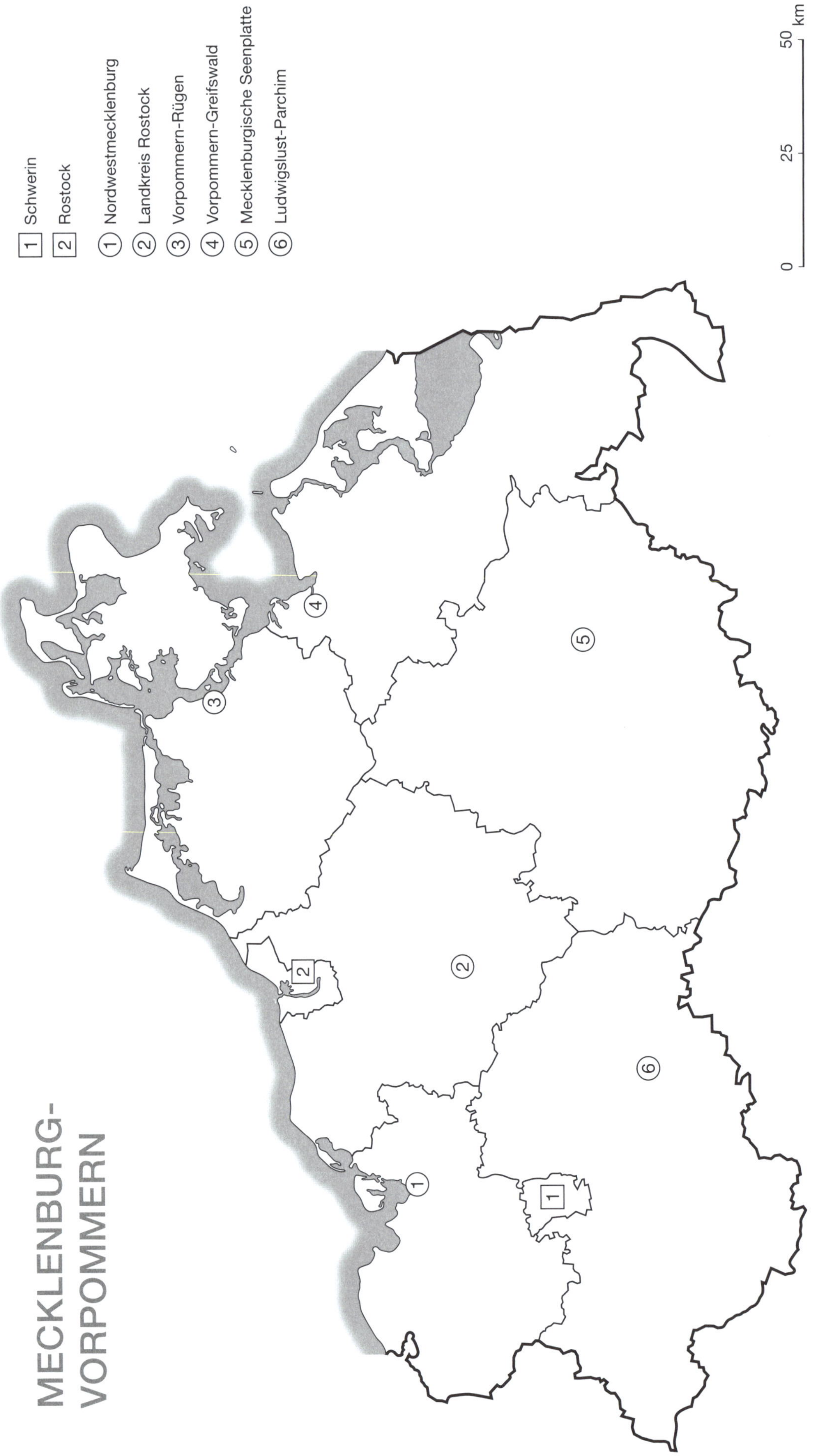

1 Schwerin
2 Rostock

① Nordwestmecklenburg
② Landkreis Rostock
③ Vorpommern-Rügen
④ Vorpommern-Greifswald
⑤ Mecklenburgische Seenplatte
⑥ Ludwigslust-Parchim

0   25   50 km

Sich streiten und vertragen

1  Worüber hast du dich in letzter Zeit gestritten?
- Schreibe das Wichtigste in die Sprechblase.
- Erzähle in der Gruppe deine Streitgeschichte.

2 Wählt eine der Streitgeschichten aus.
- Beratet verschiedene Streitlösungen und tragt sie ein.
- Spielt die Lösungen nach und sprecht anschließend darüber:
  Welche Lösung half am besten, den Streit zu beenden?

Lösung A	Lösung B	Lösung C

Passt eine Lösung auch gut zu deinem Streit?

Den letzten eigenen Streit reflektieren und in der Gruppe wiedergeben;
für einen Streit verschiedene Lösungsansätze überlegen, diese nachspielen und bewerten

Aufgaben des Klassenrats

1 Beratet, welche Aufgaben ein Klassenrat und der Klassensprecher haben.

Was ich mir wünsche:

Alle Aufgaben des
Klassenrats bestimmen

Beratungspunkte:

1. Aufgaben des Klassenrats
2. Aufgaben des
   Klassensprechers

Gesprächsleitung:

_____

Beratungszeit:

_____

2 🖊 Schreibe ein Protokoll über die Beratung.

Protokoll der Sitzung | Datum:
_____

Thema: _____
Beratungsergebnis:

1. _____

_____

_____

_____

2. _____

_____

_____

_____

Im Klassenrat könnt ihr über euer Klassenleben demokratisch abstimmen.

Alle *Ki* _____ nehmen gleichberechtigt am *Kl* _____ teil.

Aufgaben des Klassenrats und des Klassensprechers erarbeiten;
ein Protokoll zu den Ergebnissen der Beratung verfassen

Samen sammeln in Garten und Park

1 Schreibe die Namen der abgebildeten Pflanzen auf.
Schneide dann die Bilder der Samen aus. Ordne sie den Pflanzen zu.

1 _____   2 _____

3 _____   4 _____

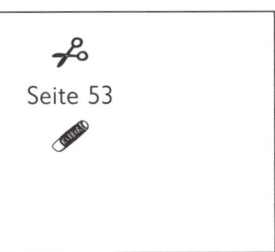

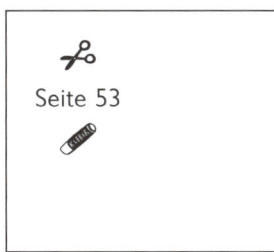
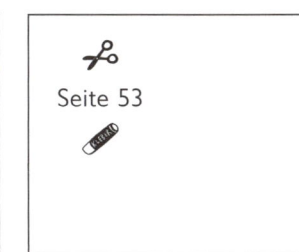

Seite 53   Seite 53   Seite 53   Seite 53

2 Mit Samen könnt ihr Pflanzen vermehren, wenn ihr einige Hinweise beachtet.
Vervollständigt den Lückentext. Verwendet diese Wörter:

dunkel   Erntedatum   kühl   Name   Samen   trocken
trockenem   Trocknen   Umschlag   warmem

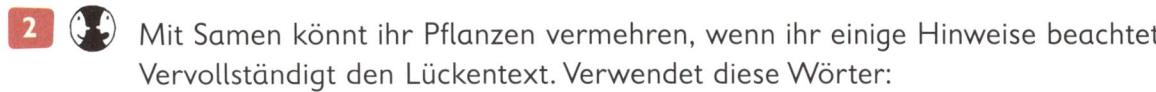

Tipps zum Sammeln von Pflanzensamen

Ich sammle reife Samen bei _____ und _____ Wetter.

Ich lege die Samen einige Tage in einem warmen Innenraum zum _____

auf Zeitungspapier. Anschließend fülle ich sie in einen _____ oder

eine Tüte und beschrifte: _____ der Pflanze, _____.

Die Samen werden _____, _____ und _____ gelagert.

Im nächsten Jahr können die _____ ausgesät werden.

Die abgebildeten Pflanzen (in alphabetischer Reihenfolge: Buche, Mohn, Ringelblume, Sonnenblume)
betrachten, sich dazu informieren; die Bilder der Samen ausschneiden, zuordnen, betrachten und beschreiben;
die Tipps zum Sammeln der Samen vervollständigen und besprechen

Herbstwetter beobachten

1   Beobachtet das Wetter eine Woche lang täglich um _____ Uhr.
Tragt eure Beobachtungen in die Wettertabelle ein. Nutzt Symbole.

Tag	Mo	Di	Mi	Do	Fr
Datum					
Temperatur in °C	°C	°C	°C	°C	°C
Bewölkung					
Niederschlag					
Wind					
Sonnenaufgang					
Sonnenuntergang					

2 Sucht an einem Tag eurer Beobachtungswoche einen Wetterbericht im Internet.
Verwendet eine Kindersuchmaschine. Notiert:

Name der Suchmaschine:
_____

Suchbegriffe:
_____
_____
_____

Stichpunkte zur Wetterinformation:
_____
_____

3 Vergleicht die Angaben in eurer Wettertabelle mit dem Internetbericht.
Notiert auf einem Zettel Gemeinsames und Unterschiede. Berichtet.

Wetterbeobachtungen vornehmen, dokumentieren; zum Vergleich Wetterinformationen im Internet nutzen
unter: Helles Köpfchen: http://www.helles-koepfchen.de, Blinde-Kuh: http://www.blinde-kuh.de,
fragFINN – das Netz für Kids: http://www.fragfinn.de

S. 8

Einen Regenmesser bauen

1   Baut einen Regenmesser.

Material:

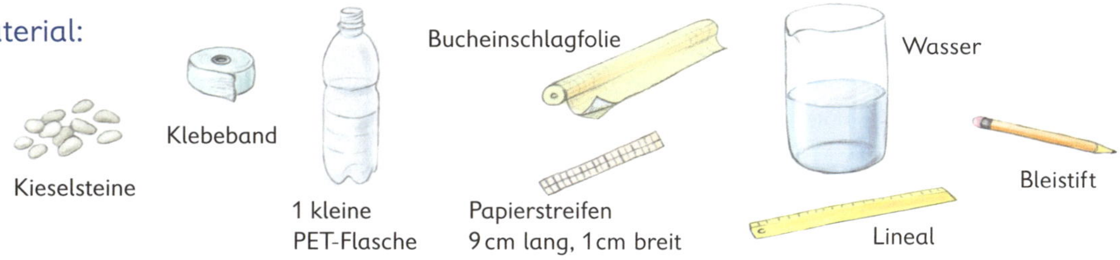

Kieselsteine

Klebeband

1 kleine PET-Flasche

Bucheinschlagfolie

Papierstreifen 9 cm lang, 1 cm breit

Lineal

Wasser

Bleistift

Vorgehen:

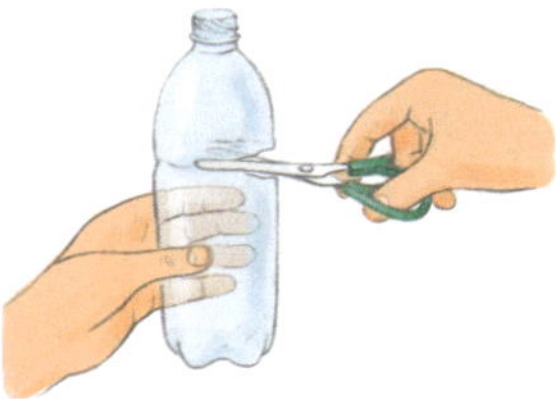

Schneidet den oberen Teil der Flasche ab. Er muss kürzer sein als der untere Teil.

Füllt den Boden mit Kieselsteinen, damit die Flasche im Freien nicht umfallen kann.

Steckt das Oberteil verkehrt herum in das Unterteil. Klebt beide Teile zusammen.

Zeichnet auf dem Papierstreifen eine Messskala mit Millimeterangaben.

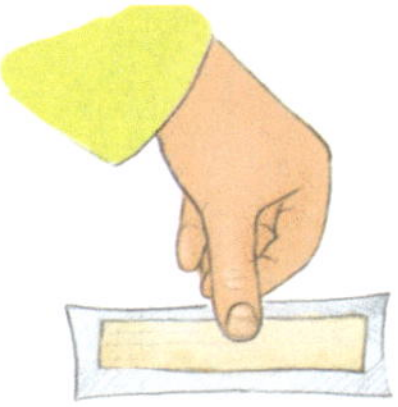

Schneidet die Bucheinschlagfolie etwas größer zu als den Papierstreifen.

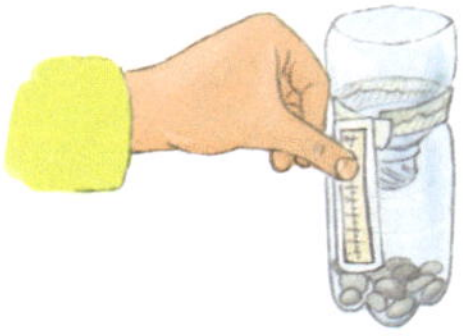

Klebt die Folie auf den Messstreifen. Klebt diesen dann senkrecht an der Flasche fest.

Füllt die Flasche vor jeder Messung bis zur unteren Markierung mit Wasser auf.

Den Regenmesser stellt ihr draußen an einem vor Wind geschützten Platz auf.

2  Messt die Niederschlagsmenge. Tragt auf einem Extrablatt an fünf Regentagen die Messergebnisse in eine Tabelle ein.

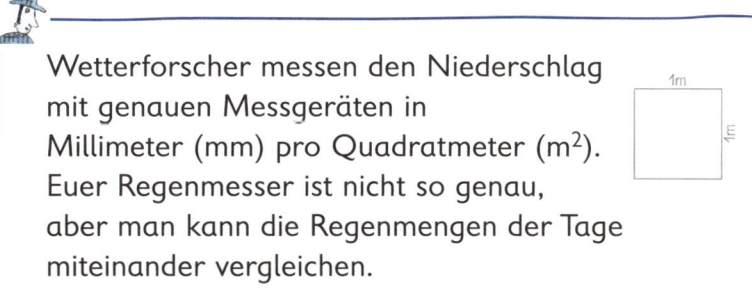

Wetterforscher messen den Niederschlag mit genauen Messgeräten in Millimeter (mm) pro Quadratmeter (m^2). Euer Regenmesser ist nicht so genau, aber man kann die Regenmengen der Tage miteinander vergleichen.

1m

1m

Niederschlagsmessung

vom _____ *bis* _____

Datum	Niederschlagsmenge

⭐   Du kannst die Niederschlagsmengen auch in einem Säulendiagramm darstellen.

Einen Regenmesser nach Anleitung bauen;
die Niederschlagsmengen für einen selbst bestimmten Zeitraum
messen und dokumentieren

S. 14

7

Eine Wetterkarte auswerten

1  Was sagt die Karte über das Wetter in deinem Bundesland? Notiere:

Nordsee · *Ostsee*

6° Kiel
Rostock
Schwerin
Hamburg 10°
Bremen
Berlin 6°
Hannover 6°
Magdeburg 7° Potsdam
Bielefeld
Halle
Cottbus
7°
Düsseldorf
Erfurt
Leipzig
4° Jena
Dresden 6°
Wiesbaden
Mainz
Nürnberg
10°
Saarbrücken
Stuttgart
8°
Münch. 12°
Münch.

Besonders die …

100 km

_____

_____

_____

_____

_____

2 Viele Menschen sind in ihrem Beruf vom Wetter abhängig. Ergänze:

| Warum Menschen in diesen Berufen eine Wettervorhersage brauchen ||
Beruf	Begründung
Fährschiffer	*Fähren dürfen bei starkem Sturm nicht auslaufen.*

 *W*_____ zeigen uns mit Hilfe von Wetterzeichen,

wie das Wetter heute ist oder in den nächsten Tagen sein wird.

Die Wetterzeichen auf einer Wetterkarte im Herbst deuten und das Wetter im eigenen Bundesland herauslesen;
Beispiele für Berufe finden, deren Ausübung stark vom Wetter abhängig ist (Fährschiffer …),
Begründungen finden

S. 3

Miteinander reden

> Menschen haben häufig unterschiedliche Meinungen, Wünsche und Interessen.
> Manchmal müssen sie sich aber einigen, miteinander reden
> oder ein Problem gemeinsam lösen.

1 🖊 Betrachte jedes Bild. Schreibe auf, was du als Vater, Schwester, Junge und Mutter in den Situationen sagen würdest.

⭐ 🌐 Wie könnten die Gespräche zum Lösen der Probleme geführt werden?
Gestaltet zu den Situationen Rollenspiele.

Sich in der Gruppe zum Merksatz austauschen; verschiedene Szenen betrachten
und mögliche Antworten der Personen notieren;
Gespräche zur Problemlösung im Rollenspiel darstellen

Überall in der Welt arbeiten Kinder

1 👁 Betrachte beide Bilder. Schreibe dazu Bildunterschriften.

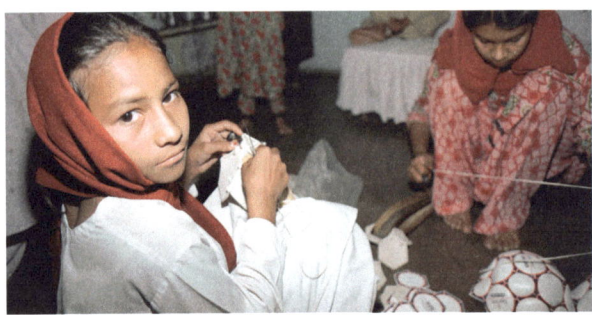

_____

_____

2 🖊 Schreibe zu den Bildern:

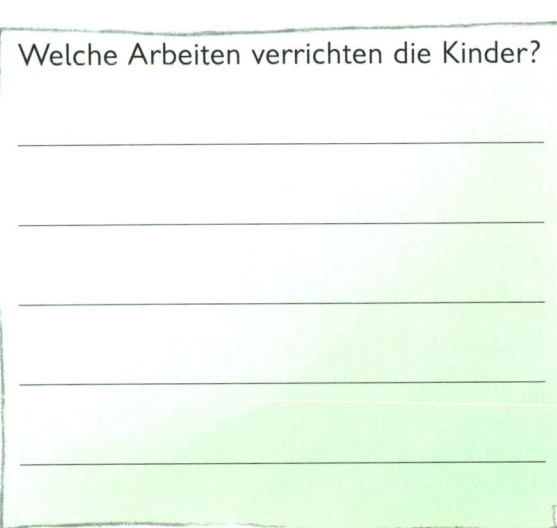

Welche Arbeiten verrichten die Kinder?

_____

_____

_____

_____

_____

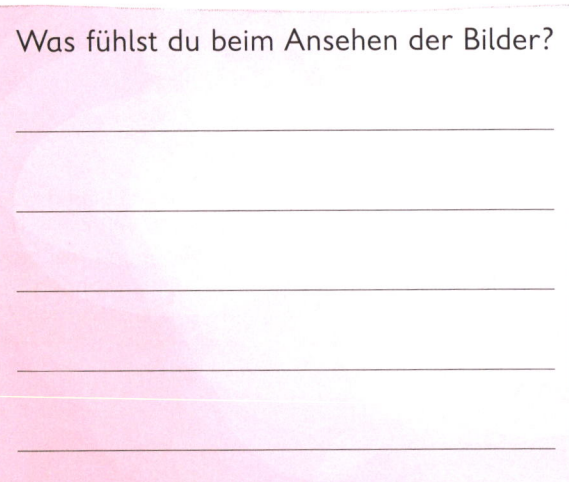

Was fühlst du beim Ansehen der Bilder?

_____

_____

_____

_____

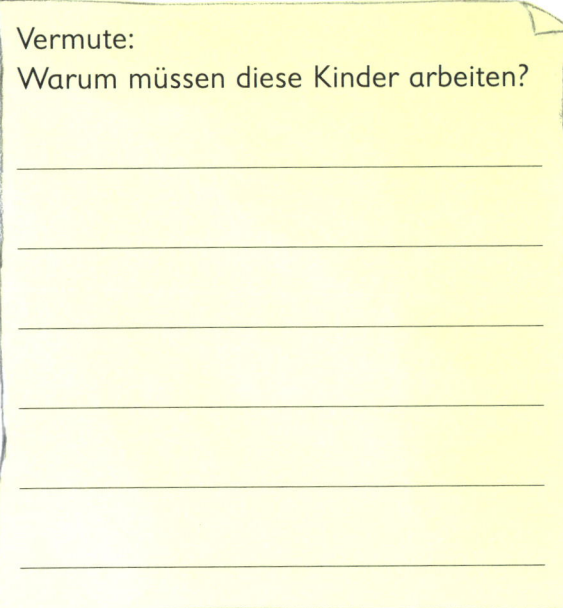

Vermute:
Warum müssen diese Kinder arbeiten?

_____

_____

_____

_____

_____

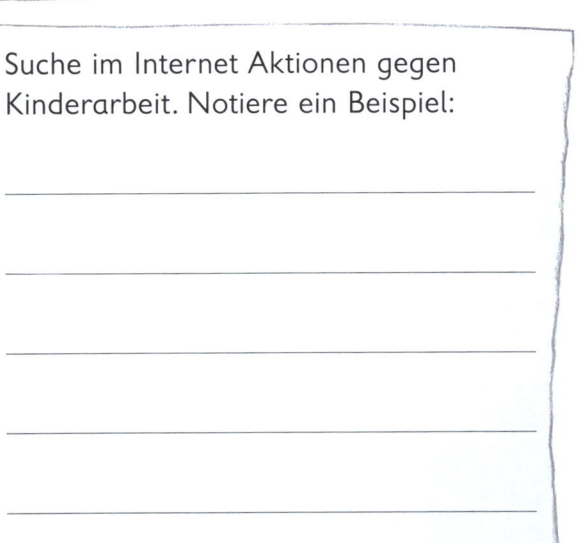

Suche im Internet Aktionen gegen Kinderarbeit. Notiere ein Beispiel:

_____

_____

_____

_____

_____

Die Fotos zur Kinderarbeit (Kinder pflücken Tee auf einer Teeplantage in Rwanda/Afrika,
Kinder in Pakistan/Asien stellen Fußbälle her) auswerten und sich dazu schriftlich äußern,
Auswertung im Klassengespräch

Mein Taschengeld

Bekommst du monatlich *T_____*, kannst du darüber frei verfügen.

Du kannst das *G_____* ausgeben oder sparen. Geld hat einen Wert,

deshalb solltest du üben, damit umzugehen. Ein Haushaltsheft kann dir helfen,

deine Ausgaben einzuteilen und vielleicht sogar etwas zu *sp_____*.

1 ✏ Schreibe oder male, wofür du dein letztes Taschengeld ausgegeben hast oder gern ausgeben würdest.

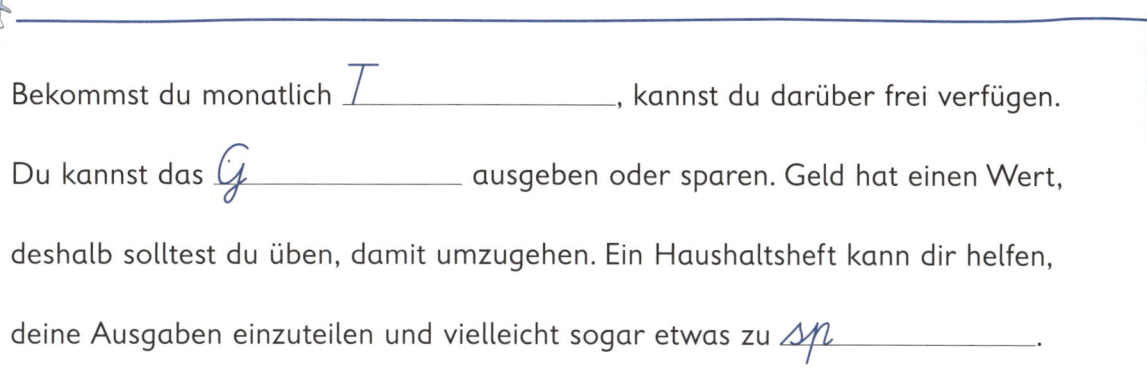

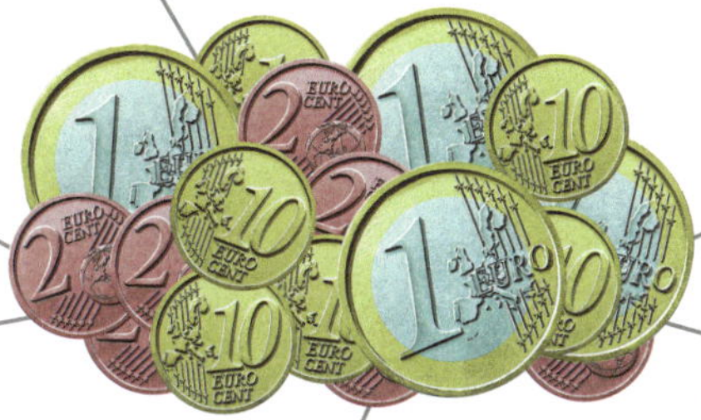

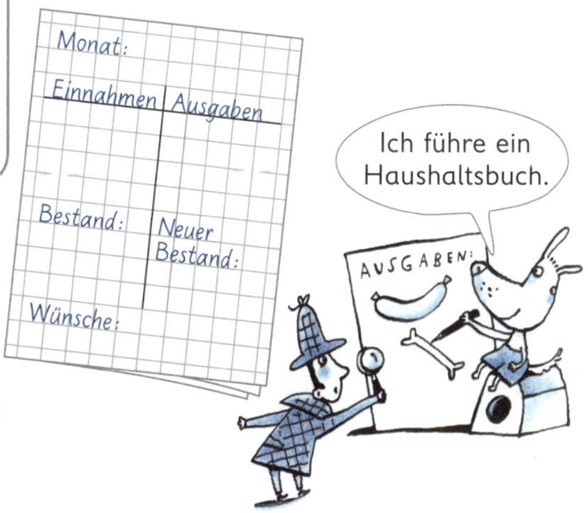

Monat:	
Einnahmen	Ausgaben
Bestand:	Neuer Bestand:
Wünsche:	

Ich führe ein Haushaltsbuch.

2 ✏ Überprüfe und kennzeichne in Aufgabe 1 mit den entsprechenden Farben:
- Sinnvolle Ausgaben: 🟢
- Ausgaben, die ich einsparen könnte: 🔴
- Wofür ich sparen möchte: 🟡

Den Merksatz vervollständigen und sich in der Gruppe dazu austauschen;
die eigenen Ausgaben oder Wünsche darstellen (schreiben/malen);
die Ausgaben nach vorgegebenen Kategorien kritisch reflektieren

Werbung ist überall

Werbeträger übermitteln Werbebotschaften.
Die Botschaften informieren dich und wollen dich zum Handeln auffordern:
Zum Beispiel sollst du dir schicke Schuhe kaufen, einen Kinofilm ansehen oder
einen neuen Handytarif aussuchen. Dabei sprechen sie immer deine Gefühle an.
Deshalb: Schaue und höre dir die Werbebotschaften kritisch an.

1 Entdecke Werbung in deiner Umgebung. Zeichne die Werbeträger. Benenne sie.

Fernseher

2 Sieh dir einen Werbespot im Fernsehen an. Schreibe auf:

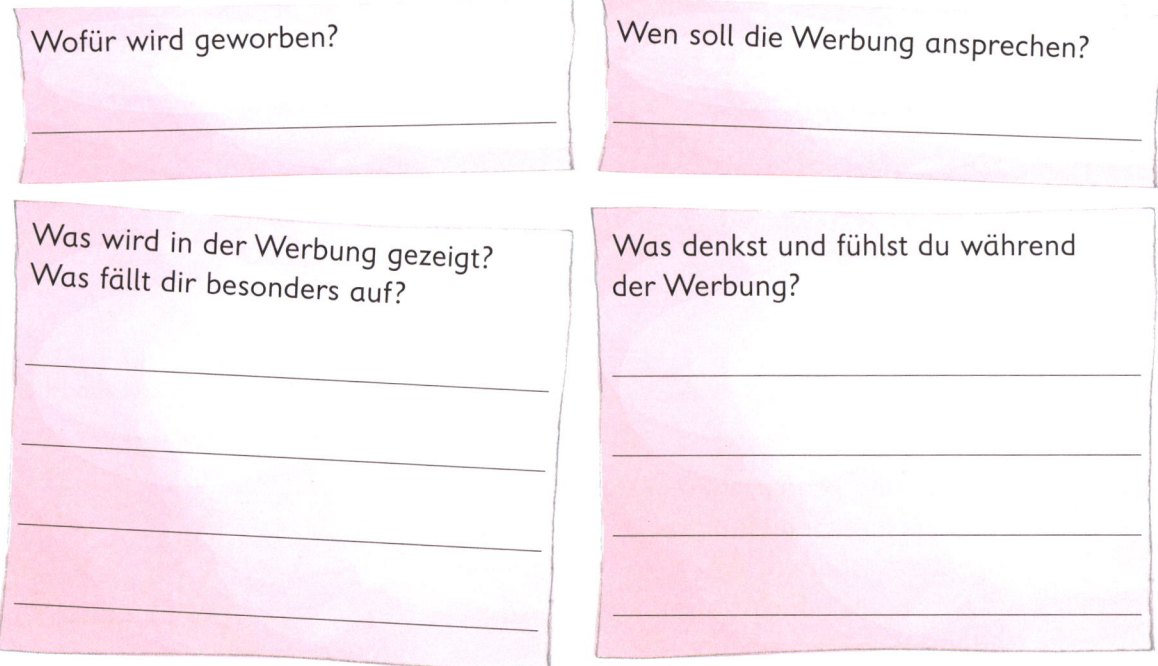

Wofür wird geworben?

Wen soll die Werbung ansprechen?

Was wird in der Werbung gezeigt?
Was fällt dir besonders auf?

Was denkst und fühlst du während
der Werbung?

Sich in der Gruppe zum Merksatz austauschen;
Werbeträger in der Umgebung erkennen, diese zeichnen und benennen;
einen Werbespot nach vorgegebenen Kriterien bewerten

Im Winter forschen

1  Führt einen Versuch durch.

 **Eiswürfel verpacken**

In welcher Verpackung hält sich ein Eiswürfel am längsten?

Wir vermuten: _____

Ihr braucht:

7 gleich große Eiswürfel   Holzschachtel   Plastikfolie   Wollstoff

Stofftaschentuch   Zeitungspapier   Porzellanteller   Thermoskanne

Geht so vor:
- Wir lassen aus Wasser Eiswürfel gefrieren.
- Wir verpacken je einen Eiswürfel in das Zeitungspapier, die Plastikfolie, den Wollstoff, das Stofftaschentuch, die Thermoskanne, die Holzschachtel.
- Wir legen einen Eiswürfel unverpackt auf einen Teller.
  Ist er geschmolzen, betrachten wir die anderen Eiswürfel.

Wir beschreiben die Eiswürfel und finden eine Erklärung.

2  Schneide vorsichtig eine Knospe auf. Betrachte sie unter der Lupe. Zeichne, was du entdeckst.

3 Messt die Lufttemperatur. Messt dann die Temperatur im Schnee. Tragt sie ein. Vergleicht.

Ort:

_____

_____

Datum:

_____

Uhrzeit:

_____

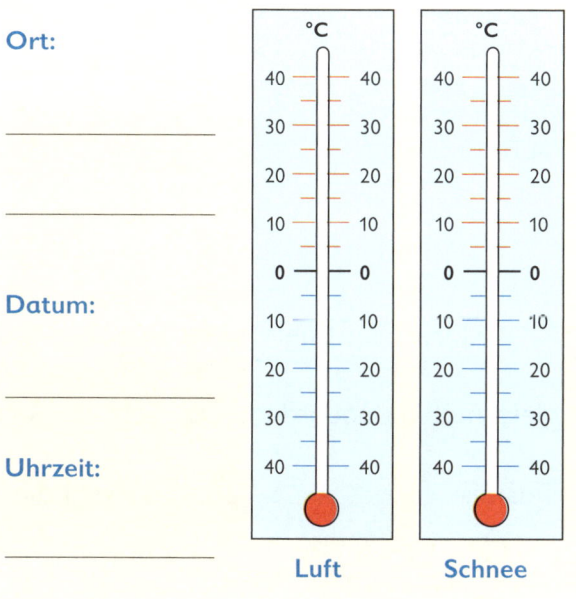

Luft   Schnee

Versuche zu Wasser durchführen;
Naturphänomene im Winter (Knospenaufbau, Temperaturen)
untersuchen und dokumentieren

Eis, Wasser und Salz

1 Führe beide Versuche durch. Schreibe zu einem Versuch ein Protokoll.

 Wasser gefriert ────────────────

Was gefriert schneller – Leitungswasser oder Salzwasser?

Ich brauche:

2 kleine Gläser

Kochsalz

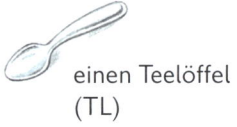

einen Teelöffel (TL)

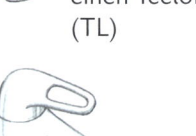

Wasser

So gehe ich vor:
- Ich gebe 5 TL Wasser in ein Glas.
- Ich fülle 5 TL Wasser in das zweite Glas und löse darin einen TL Salz auf.
- Ich stelle beide Gläser ins Gefrierfach.
- Ich schaue 30 Minuten später nach.
- Nach einiger Zeit sehe ich wieder nach.

 Kochsalz auf Eis ────────────────

Was passiert, wenn ich etwas Kochsalz auf Eisstückchen gebe?

Ich brauche:

Eisstückchen

Kochsalz

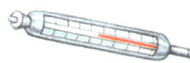

ein Thermometer

einen Messbecher (Angabe in ml)

einen Teelöffel (TL)

So gehe ich vor:
- Ich fülle Eisstücke in den Messbecher (bis zur Markierung 100 ml).
- Ich messe die Temperatur im Eis und trage sie in eine Tabelle ein.
- Ich rühre 2 TL Salz in das Eis.
- Ich messe die Temperatur und trage sie in eine Tabelle ein.

Material	Eisstücke	Eisstücke, Kochsalz
Temperatur	°C	°C

Ich erkläre: Eis ist gefrorenes Wasser. Im Eis sind alle Wasserteilchen

gleichmäßig angeordnet. Das Salz zerstört die gleichmäßige Anordnung.

Das Eis _____, obwohl die Temperatur _____.

Versuche durchführen, dabei genau nach Anleitung vorgehen;
über die Versuche mit anderen reflektieren und nach Erklärungen suchen;
zu einem Versuch ein Protokoll anfertigen

So fühle ich mich wohl

1 ✏️ Trage in die Ballons ein, was dir gut tut.

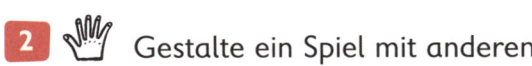

2 ✋ Gestalte ein Spiel mit anderen.

Jeder schneidet fünf Zettel aus.	Jeder schreibt fünf Wohlfühlideen auf.	

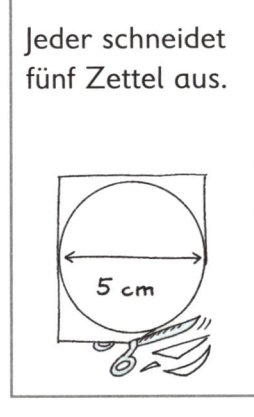

5 cm

Am Meeres-strand spielen

Alle Zettel kommen in eine Schale. Jeder kann fünf Wohlfühlzettel ziehen.

Passen die Zettel der anderen auch zu dir?

Dinge für das eigene Wohlbefinden erkennen und dokumentieren;
mit den Wohlfühlideen ein Spiel gestalten

Nahrungsmittel sind kostbar

1 Tauscht euch zum Thema aus. Betrachtet dazu auch die Bilder.

2 Wie hältst du es mit Nahrungsmitteln? Kreuze an, was du richtig findest. Sprich mit anderen darüber.

☐ Um Nahrung herzustellen, wird viel Energie verbraucht. Lasse ich Speisen verderben, ist diese Energie verschwendet.

☐ Ich achte darauf, dass kein Nahrungsmittel schlecht wird, denn in vielen Ländern der Erde haben Menschen nicht genug zu essen.

☐ Heute gibt es so viele Nahrungsmittel, da kann jeder so viel essen, wie er will.

☐ Ich lasse keine Nahrung verderben. Sie kostet Geld.

☐ Für die Nahrungsmittel müssen viele Menschen arbeiten. Es ist schade, wenn diese Arbeit umsonst war.

☐ Es ist nicht schlimm, wenn mal etwas Brot verdirbt. Dann kaufen wir neues, und es gibt wieder Arbeit.

In der Gruppe zu Aussagen der Fotos diskutieren; sich schriftlich zum Umgang mit Nahrungsmitteln positionieren und mit Partnern oder in der Gruppe über die Ergebnisse sprechen

Drogen – Nein danke!

1 Betrachtet die Abbildung. Diskutiert darüber.

2 🖊 Schreibe auf: Was hat Lena wohl mit ihren Worten gemeint?

_____

_____

⭐ Lest die Kärtchen. Ergänzt ein eigenes Erlebnis zu Drogen.

> Carlo und Louis wollen im Supermarkt 2 Flaschen Bier kaufen. Die Verkäuferin an der Kasse will ihren Ausweis sehen.
> **Was sagen sie?**

> Lena, Anna und Fee finden eine Schachtel Zigaretten.
>
> **Was tun sie?**

Mein Erlebnis: _____

_____

_____

_____

_____

⭐ Gestaltet die Situationen als Rollenspiel. Wie verhaltet ihr euch?

Sich zu Drogenmissbrauch in einer Diskussion positionieren und das Verhalten anderer beurteilen;
eine Aussage interpretieren;
wahlweise: mögliche eigene Erfahrungen erkennen, beurteilen und im Rollenspiel Nein! sagen üben

Kannst du helfen?

 Betrachte die Bilder. Schreibe auf, was du als erste Hilfe tun würdest:

_____

_____

_____

_____

_____

_____

 Notiere: Bei welcher Verletzung hast du schon einmal erste Hilfe geleistet?

_____

_____

 Lest den Zeitungsausschnitt und spielt die Situation nach.
Besprecht vorher, wie der Notruf des Jungen erfolgen muss.

Handy rettet Leben

Zu einer Katastrophe wäre es beinahe
in Godorf gekommen, als drei Jugendliche
in einem Stall rauchten. Unachtsam warf
ein Mädchen ihre glühende Zigarette weg.

Sofort fing das umherliegende Stroh Feuer
und versperrte den Jugendlichen den
Ausgang. Ein Junge hatte ein Handy dabei
und konnte die Feuerwehr alarmieren.

Sich in Erste-Hilfe-Situationen hineinversetzen und mögliche Hilfeleistungen notieren;
sich zu einer selbst durchgeführten Hilfeleistung äußern;
im Rollenspiel eine Notsituation nachspielen

Orientierungsübungen im Schulgelände

1  Wie lang und breit ist das Schulgelände?
  • Messt das Gelände mit einer langen Schnur aus.

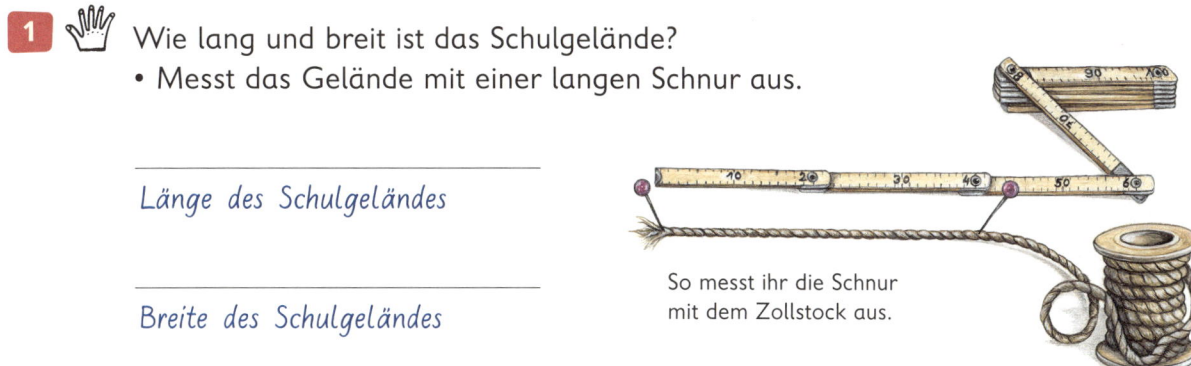

_____

Länge des Schulgeländes

_____

Breite des Schulgeländes

So messt ihr die Schnur
mit dem Zollstock aus.

2  Wie lang und breit ist die Schule?
  • Messt mit der Schnur die Außenkanten der Schule.
  • Messt die Schnur mit dem Zollstock aus.

_____   _____

Länge der Schule   *Breite der Schule*

3  Wie hoch ist deine Schule? Schätze: _____

  • Wie viele Etagen hat dein Schulhaus? _____

  • Messt die Höhe eines Klassenraums in einer Etage: _____

  • Schätzt noch einmal die Höhe der Schule: _____

4 Skizziere euer Schulgelände mit allen Objekten. Zeichne dazu die Legende.

Im Schulgelände allein oder in Gruppen das Schätzen und Messen üben,
die Ergebnisse dokumentieren und vergleichen;
die Messungen in eine Skizze umsetzen und die Legende dazu selbst entwerfen

5  Bestimme die Lage deiner Schule. Orientiere dich an der Sonne.

• Scheint die Sonne morgens an deine Schultür?

ja ☐ nein ☐

Im **Süden** …

Im **Osten** …   Im **Westen** …

Im **Norden** …

• Wie lange scheint die Sonne
in die Fenster deiner Klasse?

von _____   *bis* _____

• In welcher Himmelsrichtung steht die Sonne mittags? _____

• In welche Räume der Schule scheint mittags die Sonne?

_____

_____

• Nenne Räume nach **Westen**: _____

• Nenne Räume nach **Osten**: _____

• Nenne Räume nach _____ : _____

6  **Alarm:** Beschreibe den Fluchtweg
von deinem Klassenraum bis zum Sammelplatz aus dem Gedächtnis.

_____

_____

_____

_____

_____

Und meine
Sachen?

7  Geht den Weg gemeinsam und kontrolliert eure Aufzeichnungen.

Lagebestimmungen im Schulgelände mit Hilfe der Himmelsrichtungen vornehmen
und anwenden: dazu den Fluchtweg in der Schule beschreiben und die Ergebnisse
bei einem Unterrichtsgang kontrollieren

S.3

Sich im Ortsplan orientieren

1 👁 Übt, die Legende des Plans zu lesen.
Betrachtet die Zeichen, beschreibt sie, lest die Erklärung. Ergänzt:

```
0    100   200   300   400   500   600   700 m
```

Name einer Hauptstraße: _____

An dieser Straße gibt es viele Gärten: _____

Namen der Gewässer: _____

Standort des Museums: _____

2 🖐 Miss Entfernungen. Nutze dazu den Plan, Papiermessstreifen
oder einen festen Faden und ein Lineal.

① **Miss mit Papiermessstreifen:**
Kennzeichne auf dem Messstreifen Anfangspunkt und Endpunkt.
Lege ihn dann an die Maßstabsleiste der Karte an.
Stelle die jeweilige Entfernung fest.
Direkte Entfernung: Schule – Markt _____ m
Direkte Entfernung: Schule – Fauler See _____ m

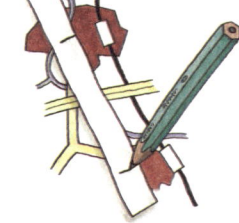

② **Miss mit dem Faden wie im Schülerbuch:**
Wegentfernung: Denkmal – Kino _____ m
Wegentfernung: Schlossgraben – Markt _____ m

⭐ 👁 Schätzt und messt Entfernungen auf einem Plan eures Heimatortes.

Einen Plan lesen und Aussagen dazu festhalten;
Entfernungen auf der Karte mit unterschiedlichen Methoden messen;
die Kenntnisse im Plan des Heimatortes anwenden

Wir wandern mit der Karte

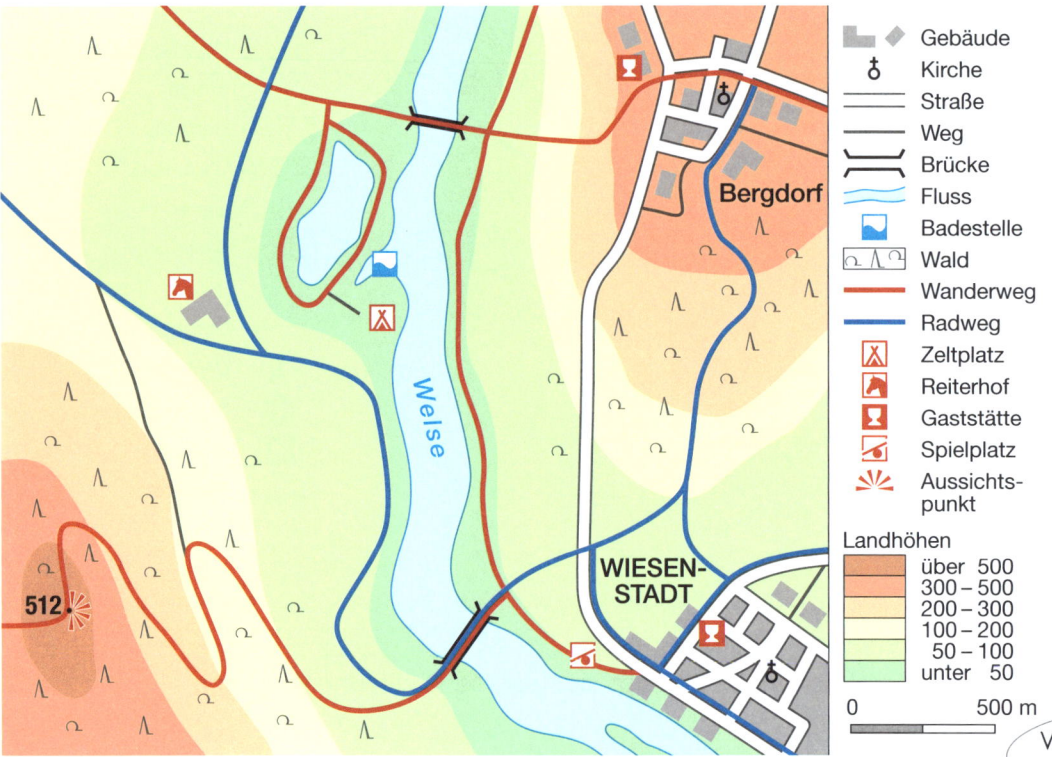

1 👣 Übt mit der Karte und der Legende. Zeichnet und notiert.
- Benennt und zeigt auf der Karte die Landhöhen.
- So hoch liegen diese Standorte:

Reiterhof _____ m

Kirche _____ m, _____ m

Aussichtspunkt _____ m

 _____ m

Brücke _____ m

 _____ m

- Wenn wir vom Zeltplatz zum Aussichtsturm wandern, müssen wir

  einen Höhenunterschied von _____ m überwinden.

- Stationen unseres Wanderweges sind: _____

  _____

  _____

- Vom Zeltplatz nach Bergdorf sind es geschätzt _____ m, gemessen _____ m.

Sich mit der Wanderkarte in der Natur orientieren, Höhen und Oberflächenformen erkennen,
Legende anwenden: Entfernungen messen und schätzen

S. 10, S. 11

Unser Heimatkreis

1   Informiert euch über euren Kreis. Nutzt Karten und ihre Legenden im Schülerbuch (S.65, Buchumschlag hinten) oder im Heimatatlas. Malt die Landhöhen aus. Notiert:

Name des Kreises: _____

Lage in Mecklenburg-Vorpommern: _____

Nachbarkreise: _____

_____

Name der Kreisstadt: _____

Gewässer im Kreis: _____

_____

Landhöhen im Kreis:

	150 m
	_____ m
	_____ m
	_____ m
	_____ m
	_____ m
	0 m

Das Interessanteste in meinem Heimatkreis in Wort und Bild:

Karten und Legenden Informationen entnehmen und dokumentieren; sich über den Heimatkreis informieren (Sachbücher, Internet), das aus eigener Sicht Interessanteste auswählen, dazu Texte verfassen und Bilder malen oder aufkleben

S.5

2 Zeichne eine Umrisskarte von deinem Heimatkreis.
Orientiere dich auf Seite 2. Die Planquadrate helfen dir.

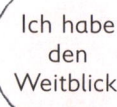

Ich habe den Weitblick.

3 Denke dir Symbole aus. Trage sie in die Legende ein.

- **deinen Wohnort** • **die Kreisstadt** • **einige Sehenswürdigkeiten**
- **Flüsse und Seen** • **wichtige Höhenpunkte** • **andere Städte**

4 Gestalte mit Hilfe deiner Legende deine Karte.

Nach der Umrisskarte auf Seite 2 den Heimatkreis grob skizzieren,
selbstständig eine Legende erarbeiten und ausgewählte Informationen zum Kreis einarbeiten

Die Wirtschaft unseres Heimatkreises

1 Schaut euch um, informiert euch und tragt Beispiele ein.

Industriebetrieb
Seite 53

Name: _____

_____

Produkte: _____

_____

Transport und Verkehr
Seite 53

Transportfirma: _____

Verkehrsbetrieb: _____

_____

Verkehrsweg: _____

Handel, Geschäfte
Seite 53

Lebensmittel: _____

_____

Fachgeschäft: _____

Waren: _____

Hotels, Gaststätten
Seite 53

Gaststätten: _____

_____

Hotels: _____

_____

Dienstleistungsbetrieb
Seite 53

Name: _____

_____

Dienstleistungen: _____

_____

Land- und Forstwirtschaft
Seite 53

Betriebe: _____

_____

Produkte: _____

_____

 Stellt einen Betrieb genauer vor und präsentiert die Ergebnisse.

Sich im Ort, in Branchenbüchern, auf der Homepage des Heimatkreises und in Informationsblättern der örtlichen Verwaltungen über Betriebe und Produkte oder Dienstleistungen informieren, Beispiele dokumentieren bzw. präsentieren

 S.4

Wo wir wohnen

1 Erkundet: Ist euer Wohnumfeld ein guter Ort für Erwachsene und Kinder?
Bewertet und vergebt Punkte. Ihr könnt noch Beispiele ergänzen.

● ● ● ● super   ● ● ● gut   ● ● ausreichend   ● verbesserungsbedürftig

Bebauung/Häuser   Die Nachbarn   Freizeitangebote   Erholungsmöglichkeiten

○ ○ ○ ○   ○ ○ ○ ○   ○ ○ ○ ○   ○ ○ ○ ○

Grünflächen/Parks _____   Mein größter Wunsch 🙂

○ ○ ○ ○   ○ ○ ○ ○

Schulwegsicherheit   Verkehrsverbindungen _____

○ ○ ○ ○   ○ ○ ○ ○   ○ ○ ○ ○   ○ ○ ○ ○

2 Gestalte ein Leporello zum Thema:
Wo ich wohne.
- Befrage Kinder und Erwachsene zu
  ihren Wünschen für ihr Wohnumfeld.
- Schreibe, male und klebe Bilder
  zu den kurzen Interviews ein.

Klebe hier dein Leporello auf.

Beispiel für Fragen:
Was müsste sich in Ihrem Wohnhaus verändern?
Welche Freizeitangebote wünschst du dir im Ort?
Was muss im Ort noch verbessert werden?

Wohnumfeld nach vorgegebenen Kategorien erkunden und bewerten,
eigene Beispiele ergänzen; Befragungen zum Thema „Wo ich wohne" durchführen
und die Ergebnisse in einem Leporello festhalten

S.5

Ich bin ____ Jahre alt und fahre Rad

1 Male die Antworten aus:

● richtig ● falsch

Radweg oder Fußweg?

○ Der Radweg ist zu Ende.
Ich fahre auf dem Gehweg weiter.

○ Ich fahre schnell auf die Straße.
Die Autos müssen warten.

○ Ich schaue zurück und lasse die Autos vorbei.
Dann fahre ich auf die Straße.

Was beachte ich bei diesem Schild?

○ Ist ein Radweg vorhanden,
muss ich ihn benutzen.

○ Ich fahre links auf dem Radweg.

○ Bis zum Alter von 10 Jahren darf ich
noch auf dem Gehweg fahren.

Wie verhalte ich mich hier?

○ Ich kann auf die Straße fahren,
um den Fußgängern auszuweichen.

○ Ich muss meine Geschwindigkeit
an die Fußgänger anpassen.

○ Ich warte, bis die Fußgänger
Platz machen.

Linksabbiegen – aber sicher
Ordne die Zahlen den Wortgruppen zu:

☐ Schauen, ob Fahrzeuge von links kommen

☐ Die Straße an sicherer Stelle überqueren,
wenn sie frei ist; das Rad schieben

☐ Schauen, ob Fahrzeuge von vorn kommen

☐ Erst auf der Nebenstraße weiterfahren

☐ Am rechten Straßenrand geradeaus fahren

Das eigene Wissen über Verkehrsregeln beim Fahrradfahren prüfen
und richtige bzw. falsche Antworten entsprechend ausmalen;
das sichere Linksabbiegen beim Fahrradfahren einprägen

Mit dem Fahrrad auf der Straße

  Mit dem Rad musst du sicher fahren können, auf dem Bürgersteig
und auf dem Radweg. Betrachte die Bilder und ergänze die Texte.

Ich muss mit _____ fahren können.

Das ist wichtig, wenn ich _____

_____

_____ .

Ich muss stark _____ können, damit ich

_____

_____

_____ .

Oft muss ich nach _____

und trotzdem sicher geradeaus weiterfahren.

Das brauche ich _____

_____ .

Immer wieder muss ich zügig _____,

ohne dabei zu wackeln. Das brauche ich _____

_____

_____ .

 Schätze dein Fahrkönnen ein   .

© 2010 Cornelsen Verlag, Berlin. Alle Rechte vorbehalten.

Die Bilder betrachten und auswerten, die Lückentexte zum sicheren Radfahren ergänzen;
zu allen Bildern eine Selbsteinschätzung geben, wie sicher das Radfahren beherrscht wird,
daraus Übungsschwerpunkte im Schonraum ableiten

Fahrrad-Check: Ist mein Fahrrad verkehrssicher?

1 1✏ Beschrifte die Teile eines **verkehrssicheren** Fahrrades.

1	Hinterradbremse		6	Roter Großflächenrückstrahler
2	Vorderradbremse		7	Rote Schlussleuchte
3	Roter Rückstrahler		8	Helltönende Klingel
4	Weißer Scheinwerfer		9	Dynamo
5	Weißer Frontreflektor		10	Vier Speichenreflektoren
			11	Zwei gelbe Pedalrückstrahler je Pedal

⭐ 1✏ Prüfe dein Fahrrad. Welche Teile weist es auf? Notiere die Nummern.

2 x✏ Kreuze an, was dein Fahrrad **betriebssicher** macht.

☐ Die Kette ist straff gespannt.	☐ Die Reifen sind richtig aufgepumpt und haben genug Profil.	☐ Die Radmuttern sind festgezogen.
☐ Die Bremsen funktionieren sicher.	☐ Der Dynamo ist sauber.	☐ Das Rad hat einen Korb.
☐ Die Bremsen bewegen sich leicht.	☐ Eine Luftpumpe ist vorhanden.	☐ Die Scheinwerfer leuchten weiß.

Einen Fahrrad-Check nach Verkehrs- und Betriebssicherheit vornehmen;
wahlweise: das eigene Fahrrad entsprechend den Vorschriften untersuchen

Verkehrszeichen sicher kennen und beachten

1 ✏️ Welche Verkehrszeichen sind im Bild zu sehen? Kreuze an.

 ☐
Halt. Vorfahrt gewähren.

 ☐
Fußgänger-überweg

 ☐
Vorfahrtstraße

 ☐
Vorrang des Gegenverkehrs

 ☐
Verbot für Radverkehr

 ☐
Arbeitsstelle

 ☐
Getrennter Rad- und Gehweg

 ☐
Zulässige Höchst-geschwindigkeit

 ☐
Vorfahrt gewähren.

 ☐
Verbot der Einfahrt

 ☐
Beginn eines verkehrsberuhigten Bereiches

 ☐
Ende eines verkehrsberuhigten Bereiches

2 🌐 Betrachtet noch einmal das Bild. Vervollständigt die Sätze mit Hilfe der Bilder. Beantwortet die Fragen.

Tim fährt durch einen . Worauf muss er bei dem Schild achten?

Cora gerät in einer Nebenstraße an eine . Und was jetzt?

Alex fährt an der Vorfahrtstraße auf dem . Warum muss er sehr aufpassen?

Mutti fährt mit Emily bis zum Schild . Was wird Emilys Mutti nun tun?

Luca fährt mit dem Rad durch den Park. Muss er auch etwas beachten?

Das Wissen über Verkehrszeichen und ihre Bedeutung anwenden und üben,
Verkehrszeichen im Bild wiederfinden und ankreuzen;
Sätze mit Hilfe von Bildern mündlich ergänzen und dazu Fragen zum richtigen Verhalten beantworten

S. 3

Zeit planen

1 Lies den Merksatz und ergänze den Lückentext.

Die Zeit kann man nicht festhalten, sie verstreicht einfach. Heute dienen uns

Uhren als Zeitmesser. Sie zeigen die Zeiteinheiten *Stu* und

Min an. Manchmal kann man auch die Sekunden ablesen.

Jahreskalender stellen verschiedene Zeiträume dar:

Ta , *Wo* und *Mo* .

Wenn du deine Beschäftigungen in einen Zeitplan einträgst, lernst du, dir deine Zeit gut einzuteilen.

2 Gestalte nach diesem Muster einen Wochenplan (von Montag bis Sonntag). Verwende ein kariertes DIN-A4-Blatt. Zeichne die Tabelle ab und trage die Überschriften in die Spalten ein.

Woche vom	bis	zu erledigende Aufgabe, geplante Beschäftigung	eingeplante Zeit	benötigte Zeit
Montag		• Hausaufgaben	1 Stunde	45 Minuten
		• Kaninchen sauber machen	40 Minuten	30 Minuten
Dienstag		• Mail an Lana schreiben	15 Minuten	35 Minuten

(3 cm)

• Notiere deine Aufgaben, Freizeitaktivitäten, Termine …
• Schätze, wie viel Zeit du für die einzelnen Beschäftigungen brauchen wirst.
• Miss die tatsächlich benötigte Zeit und trage sie ein.

3 Vergleiche die eingeplante Zeit mit der benötigten Zeit. Was stellst du fest?

 Besprecht eure Wochenpläne in der Klasse.

Den Merksatz vervollständigen und sich in der Gruppe dazu austauschen;
einen Wochenplan mit zeitlichen Vorgaben der eigenen Aufgaben, Aktivitäten und Termine gestalten,
eingeplante und benötigte Zeit miteinander vergleichen

Einen Zeitmesser bauen

Kerzenuhr

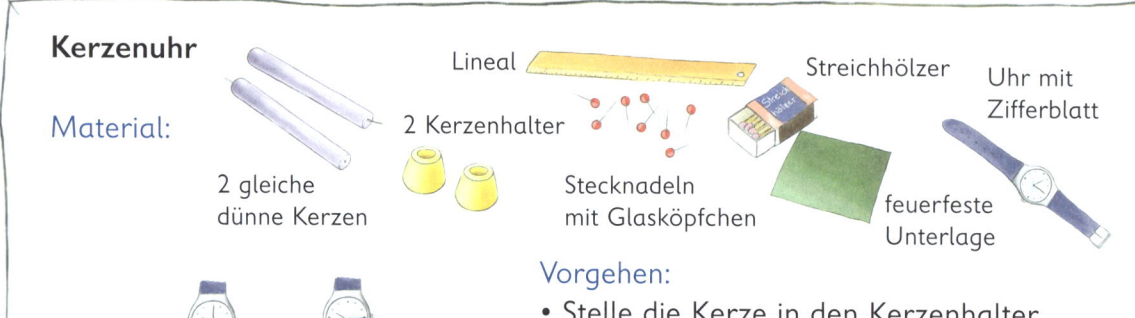

Material:
2 gleiche dünne Kerzen · 2 Kerzenhalter · Stecknadeln mit Glasköpfchen · Lineal · Streichhölzer · feuerfeste Unterlage · Uhr mit Zifferblatt

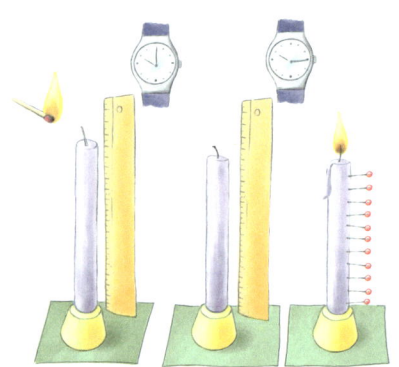

Vorgehen:

- Stelle die Kerze in den Kerzenhalter. Miss die Länge der Kerze.
- Zünde die Kerze an. Lass sie 15 Minuten brennen. Lösche sie dann.
- Miss, wie viele Zentimeter die Kerze in 15 Minuten heruntergebrannt ist.
- Übertrage den Abstand mit Stecknadeln auf die ganze Kerze.
- Zündest du die Kerze an, fällt jede Viertelstunde eine Stecknadel herab.

Gehe nur mit *F*_____ um, wenn Erwachsene dabei sind.

In der Klasse muss *L*_____ oder *W*_____ bereit stehen.

Lass eine *K*_____ nie ohne Aufsicht brennen. Es besteht Brandgefahr.

Tischsonnenuhr

Material:

DIN-A4-Karton · Anspitzer mit Auffangdose · Bleistift · Uhr mit Zifferblatt

Vorgehen:

- Lege den Karton auf eine sonnige Stelle im Klassenzimmer oder im Schulflur, zum Beispiel auf die Fensterbank.
- Stecke den Bleistift in den Anspitzer. Stelle beides in die Mitte des Kartons.
- Markiere mit einem Stift stündlich den Schatten des Stiftes auf dem Karton.
- Schreibe immer die Uhrzeit daneben.

Kerzenuhr und Tischsonnenuhr nach Bauanleitung herstellen; den Merksatz vervollständigen, sich in der Gruppe darüber austauschen

S. 14

Alte Berufe und neue Berufe

1  Befrage ältere Menschen, welche Berufe sie ausgeübt haben.
Erkundige dich, ob es diese Berufe heute noch gibt.
Notiere die Ergebnisse auf einem Extrablatt in einer Tabelle.

Wer?	Welcher Beruf?	Gibt es diesen Beruf noch?

2 Das Bild zeigt einen Hafen und
ein altes Segelschiff vor 500 Jahren.
Überlege, welche Berufe nötig waren,
damit das Schiff fahren konnte.

_____

_____

_____

3 Das Bild zeigt ein modernes
Transportschiff auf der Ostsee.
Überlege, welche Berufe nötig sind,
damit das Schiff fahren kann.

_____

_____

_____

⭐ Wenn du erwachsen bist, gibt es vielleicht ganz neue Berufe, an die wir heute
noch gar nicht denken. Welche kannst du dir vorstellen?

_____

_____

Zeitzeugen zu ihren Berufen befragen;
recherchieren, ob es diese Berufe noch gibt und Ergebnisse in einer Tabelle festhalten;
Berufe rund um die Schifffahrt früher und heute notieren; Zukunftsvisionen zu möglichen Berufen entwickeln

Das Leben auf dem Land vor 100 Jahren

1 Lies die Texte. Schneide die Bilder von Seite 53 aus. Klebe sie auf.

Auf vielen kleinen Bauernhöfen lebten die Menschen gemeinsam mit ihren Tieren unter einem Dach. Oft trennte nur eine Wand den Wohnraum vom Stall. Vor allem Rinder waren wichtig: Sie lieferten Milch, Fleisch und Dünger und dienten auch als Zugtiere.

Die Bauern hielten Milchkühe, Schweine, Pferde, oft auch Schafe und Ziegen, Hühner und Gänse. So hatten sie Milch, Fleisch, Felle, Wolle und Eier. Vieles wurde weiterverarbeitet, meist in Handarbeit. So wurde aus Milch Butter, Quark und Käse hergestellt.

Auf den Feldern baute man Feldfrüchte an: Roggen, Weizen, Gerste, Kartoffeln, Gemüse und Futtermittel: Klee, Hafer, Feldgras, Rüben. Pferde oder Kühe wurden auch vor den Pflug oder vor schwere Erntewagen gespannt. Vor 60 Jahren lösten erste Traktoren sie ab.

Auf dem Bauernhof lebten und arbeiteten der Bauer und die Bäuerin, deren Eltern sowie Knechte und Mägde. Auch viele Kinder hüteten Vieh, halfen bei der Hausarbeit und der Getreide-, Heu- und Kartoffelernte. In der Erntezeit gingen sie oft nicht zur Schule.

2 Fasse das Wichtigste zusammen:

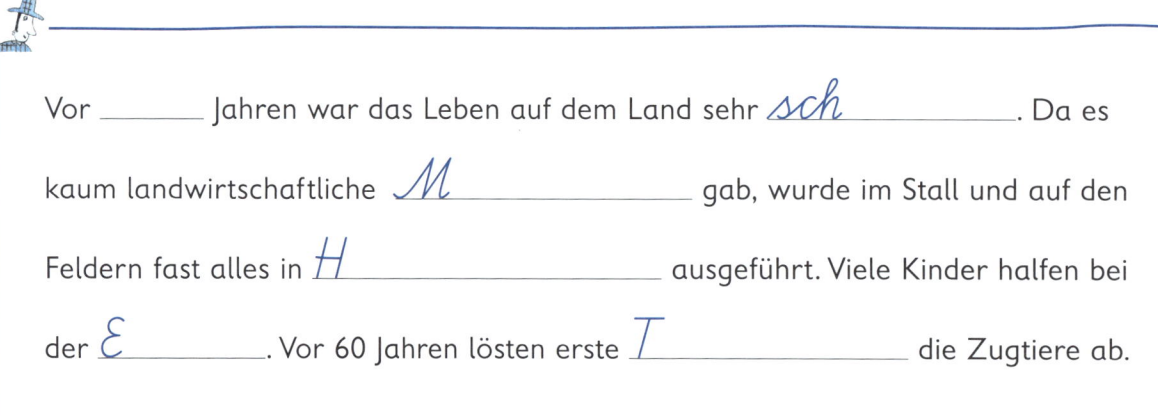

Vor _____ Jahren war das Leben auf dem Land sehr *sch*_____. Da es kaum landwirtschaftliche *M*_____ gab, wurde im Stall und auf den Feldern fast alles in *H*_____ ausgeführt. Viele Kinder halfen bei der *E*_____. Vor 60 Jahren lösten erste *T*_____ die Zugtiere ab.

Sachtexte und Bilder inhaltlich richtig zuordnen und die Bilder aufkleben;
den Sachtexten und Bildern Informationen entnehmen,
Wichtiges erkennen und in einen Lückentext notieren

Das Leben auf dem Land heute

1 Lies die Texte. Schneide die Bilder von Seite 53 aus. Klebe sie auf.

Heute gehören zu einem Bauernhof meist ein Wohnhaus, Tierställe und Nebengebäude für Maschinen und Arbeitsgeräte. Milchkühe leben in modernen Ställen oder haben Auslauf auf Weiden. Morgens und abends werden sie in Melkanlagen maschinell gemolken.

Statt vieler verschiedener Tiere halten Bauern heute oft nur eine Tierart, wie Kühe in einem Milchviehbetrieb, Schweine in einem Schweinemastbetrieb, Hühner in einer Geflügelfarm. Auch heute liefern Tiere wichtige Produkte, wie Milch, Fleisch und Eier.

Viele Bauern sind auf den Anbau von Obst oder Feldfrüchten oder Gemüse spezialisiert. Schwere Arbeiten führen heute Traktoren, Sämaschinen, Mähdrescher und Kartoffelroder aus. Moderne Mähdrescher werden mit Computern gesteuert, und sie arbeiten sehr schnell.

Durch die Maschinen sind heute weniger Arbeitskräfte auf einem Bauernhof tätig. Die Bauern bedienen komplizierte Maschinen und planen Kosten und Einnahmen. Deshalb müssen sie viel wissen. Ihre Kinder gehen zur Schule und ihren Hobbys nach.

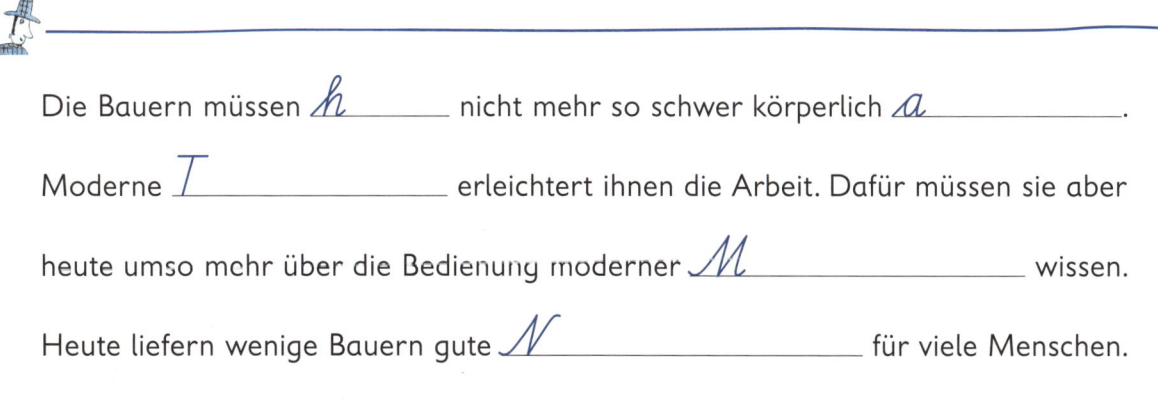

Die Bauern müssen h_____ nicht mehr so schwer körperlich a_____.

Moderne T_____ erleichtert ihnen die Arbeit. Dafür müssen sie aber

heute umso mehr über die Bedienung moderner M_____ wissen.

Heute liefern wenige Bauern gute N_____ für viele Menschen.

2 Vergleicht das Landleben früher und heute. Findet Unterschiede.

Sachtexte und Bilder inhaltlich richtig zuordnen und die Bilder aufkleben;
den Sachtexten und Bildern Informationen entnehmen, Wichtiges erkennen
und in einen Lückentext notieren; Landwirtschaft früher und heute vergleichen

Eine historische Quelle erforschen

1 Bitte deine Familie um ein altes Foto. Lege das Foto in einen Briefumschlag.

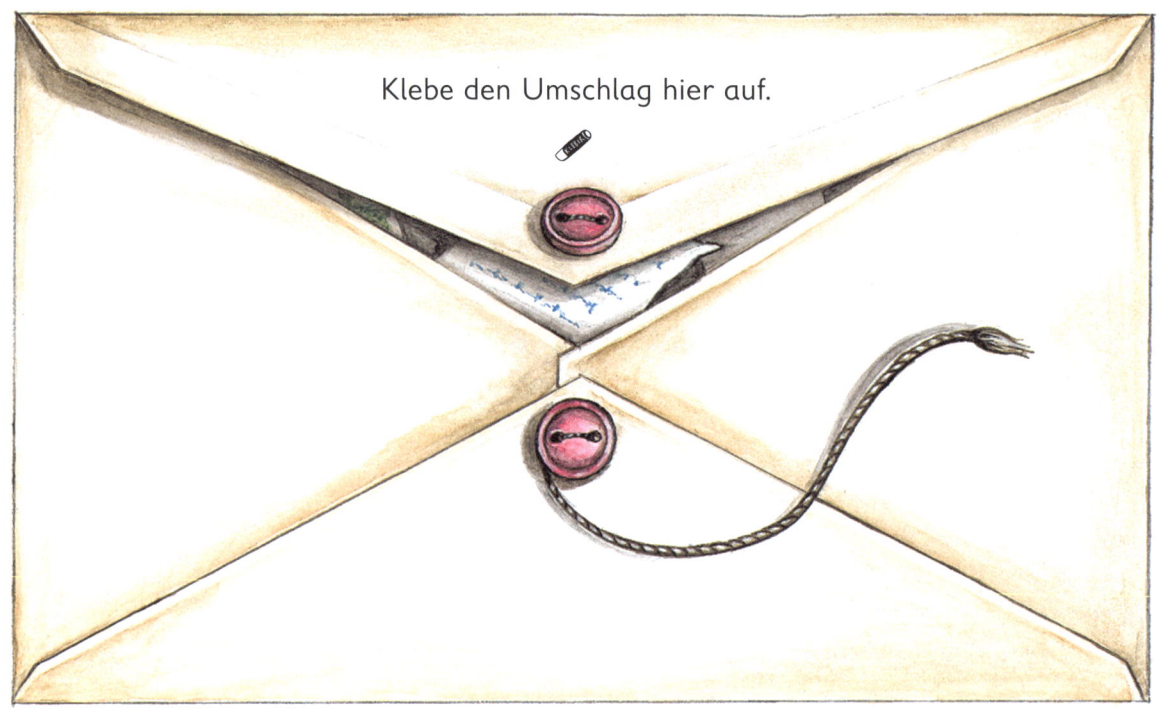

Klebe den Umschlag hier auf.

2 Befrage deine Familie zu dem Foto. Schreibe auf:

Wer war der Fotograf/die Fotografin? _____

Wer und was ist zu sehen? _____

Wo und wann ist das Foto entstanden? _____

Warum wurde es fotografiert? _____

Wo wird das Foto aufbewahrt? _____

Meine Frage: _____

Antwort: _____

_____

Oh, eine historische Quelle unserer Vorfahren.

3 Präsentiere das Foto.
Erzähle von deinem Forschungsergebnis.
Gib das Bild dann wieder an die Besitzer zurück.

Selbst eine historische Quelle erforschen und dabei Methoden des Forschens anwenden;
die Ergebnisse präsentieren;
lernen, sorgsam mit historischen Quellen umzugehen

  **S. 4, S. 5**

Eine Wiese im Mai entdecken

1 🖊 Welche Pflanzen und welche Tiere entdeckst du hier?

☐ _____

☐ _____

☐ _____

☐ _____

☐ _____

☐ _____

☐ _____

2 🖊 Besuche eine ungemähte Wiese. Notiere, was du wahrnimmst:

👁 Das ist		👂 Das	
grün:		brummt:	
rot:		zirpt:	
gelb:		singt:	
blau:		summt:	

🖐 Das ist		👃 Das riecht		👄 Das schmeckt
hart:		blumig:		
weich:		würzig:		Kamillentee
borstig:		streng:		
spitz:		nach:		
scharf:		nach:		Gänseblümchen in der Suppe

Artenkenntnisse zu Pflanzen und Tieren auf der Wiese festigen;
das Leben auf einer Wiese mit den Sinnen wahrnehmen und dokumentieren;
Kamillentee oder andere Kräuterwürze schmecken

S.4, S.5, S.8

Kleine Tiere auf der Wiese

1  Schreibe einen Tier-Steckbrief zum Tagpfauenauge.
Nutze dafür Informationen aus Sachbüchern.

Tier-Steckbrief:	**Name:** *Tagpfauenauge*	
Lebensraum:		
Lebensweise:		
Fortpflanzung:		
Nahrung:		
Feinde:		

2  Wähle ein kleines Tier, das du im Frühling auf einer Wiese entdeckt hast.
Schreibe zu dem Tier einen Steckbrief.

Tier-Steckbrief:	**Name:**	Foto
Lebensraum:		
Lebensweise:		
Fortpflanzung:		
Nahrung:		
Feinde:		

© 2010 Cornelsen Verlag, Berlin. Alle Rechte vorbehalten.

Kenntnisse über die Gestaltung eines Steckbriefes anwenden;
selbst zu Steckbriefen recherchieren und die Ergebnisse dokumentieren;
die Steckbriefe in der Gruppe oder Klasse präsentieren

S. 8

Zwei Wiesenpflanzen

1 Bestimme die Pflanzen. Nutze ein Bestimmungsbuch oder das Internet (Suchwort: Pflanzenbestimmung). Vervollständige die Angaben.

Ich erkenne die Pflanze an diesen Merkmalen:

Blütenfarbe:

Blütenform:

Anzahl der Blütenblätter: *meist*   Anzahl der Blüten am Stängel:

Farbe der Staubblätter:

Blattform:

Name der Pflanze:

Die _____ ist eine geschützte Pflanze und sehr selten.

Ich erkenne die Pflanze an diesen Merkmalen:

Blütenfarbe:

Blütenform:

Anzahl der Blütenköpfchen am Stängel: *1*

Blattform:

Name der Pflanze:

Der _____ ist eine wichtige Futterpflanze, die auf den Wiesen

und Weiden Mecklenburg-Vorpommerns wächst.

Sich über geschützte und ungeschützte Pflanzen (Kuhschelle, Weißklee) informieren,
sie bestimmen und ihre Merkmale notieren;
die Merksätze ergänzen

Warum ein Herbarium nützlich ist und wie man es anlegt

1 🖊 Informiere dich. Füge die Wörter in den Text ein:
gepressten   Papier   Herbarium   Herbarium   Merkmalen
Naturschutz   nicht   Pflanzen   Schädlinge

> Herbarium?
>
> Ist lateinisch und bedeutet Kraut.

Ein Herbarium ist eine Sammlung von getrockneten und

_____ Pflanzen oder Pflanzenteilen.

Sie werden auf _____ geklebt, um

die _____ oder Pflanzenteile für längere Zeit aufzubewahren. Ein

_____ muss trocken und kühl lagern, damit es nicht schimmelt

oder von _____ befallen wird. Zwar bleichen die Farben der

Pflanzen im Herbarium mit der Zeit aus, doch Pflanzenkundler können die Pflanzen an

ihren _____ genau bestimmen oder mit frisch gesammelten Pflanzen

vergleichen. So gibt ein Herbarium auch Auskunft über frühere und heutige Wuchsorte.

Das weltweit größte _____ mit etwa 8 Millionen

Pflanzen befindet sich im Nationalmuseum der Naturgeschichte in Paris.

Wenn ich Pflanzen sammle, muss ich mich informieren, ob sie selten sind und unter

_____ stehen. Geschützte Pflanzen sammle ich _____.

Ich sammle nur häufig vorkommende Pflanzen, die nicht geschützt sind.

Pflanzen für das Herbarium:

- nur vollständige Pflanzen sammeln
- harte, sperrige Wurzeln entfernen
- am Fundort der Pflanze notieren:
  Standort (Straße, Park, Wegrand …),
  Name, Datum, Sammler
- unbekannte Pflanzen bestimmen

| 1 Sammeln | 2 Auflegen und pressen |
| 3 Aufkleben | 4 Beschriften |

Sich über den Nutzen eines Herbariums informieren, dazu die Sinnzusammenhänge
im Sachtext erkennen und aufschreiben;
das Vorgehen beim Herbarisieren einprägen

Wasser beobachten

1 Wasser verwandelt sich. Finde Erklärungen.

Warum verschwindet die Pfütze?

_____

_____

_____

Warum ist über kochendem Wasser Dampf zu sehen?

_____

_____

_____

2  Bitte für diesen Versuch Erwachsene um Hilfe.

 Wasser kochen – So oder so?

Ich brauche:

einen Messbecher (ml)
einen Kochtopf   einen Liter Wasser

 einen Kurzzeitwecker

So gehe ich vor:
Ich bringe nacheinander auf dem Herd Wasser zum Kochen:
• 500 ml im Kochtopf ohne Deckel,
• 500 ml im Kochtopf mit Deckel.

Ich messe die Zeit bis zum Sieden.

In welchem Topf kocht das Wasser eher?

Ich vermute: _____

Ich beobachte und notiere die Zeiten
bis zum Sieden des Wassers:

_____ min   _____ min

Ich versuche
das Ergebnis zu erklären: _____

_____

Die Verwandlung von Wasser erklären; im Versuch Wasser in einem Topf, einmal mit Deckel und einmal ohne, zum Kochen bringen;
die Zeit bis zum Sieden des Wassers messen und die Messergebnisse festhalten;
versuchen, die gemessenen Zeitunterschiede erklären

Der Kreislauf des Wassers

Ich mach auch Wasserkreislauf.

1 🖊 Im Bild sind die Vorgänge im Wasserkreislauf mit Zahlen bezeichnet.
Ordne die Zahlen den Bildern zu. Schreibe dazu Texte.

Den Kreislauf des Wassers gedanklich aus einem Schaubild in Fotos übertragen;
dabei noch einmal über den Kreislauf reflektieren und die Ergebnisse in Texten festhalten

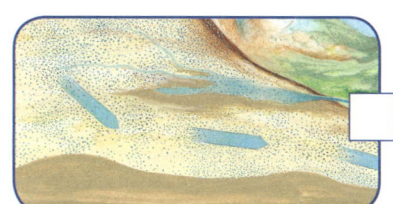

Den Kreislauf des Wassers gedanklich aus einem Schaubild in Fotos übertragen;
dabei noch einmal über den Kreislauf reflektieren und die Ergebnisse in Texten festhalten

Wasser als Lösungsmittel

1  Wasser wird im Haushalt häufig als Lösungsmittel verwendet.
Betrachte die einzelnen Bilder und fülle die Tabelle aus.
• Welcher Stoff wird im Wasser gelöst?
• Wozu wird die Lösung genutzt?

    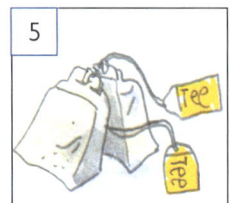

Wasser als Lösungsmittel		
Bildnummer	Im Wasser gelöster Stoff	Verwendung der Lösung
1		
2		
3		
4		
5		
6		
7		
8		
9		
10		

 Forsche nach, wo bei euch im Haushalt Wasser als Lösungsmittel genutzt wird.

Wasser als Lösungsmittel im Haushalt entdecken;
erkennen und notieren, welcher Stoff in Wasser gelöst ist
und wofür die Stoff-Wasser-Lösung verwendet wird

Wir experimentieren mit Feuer

 Luft und Verbrennung

Welche Kerze brennt am längsten?

Ihr braucht:

Vorsicht, Brandgefahr!

Bauklötze

Geht so vor:

Versuch 1

- Stellt jedes der drei Teelichte auf eine feuerfeste Unterlage.
- Zündet die Teelichte an.
- Stülpt über die Teelichte unterschiedlich große Gläser.
- Messt die Brenndauer der Teelichte.

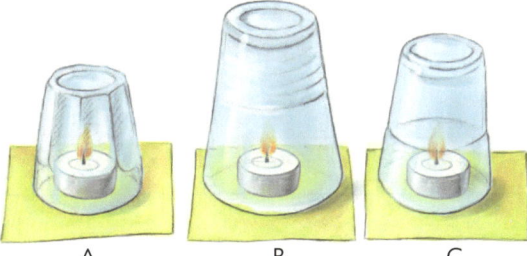

A B C

Meine Vermutung: _____

Meine Beobachtung: _____

D E

Versuch 2

- Führt den abgebildeten Versuch durch.
- Verwendet zwei gleich große Gläser.
- Messt die Brenndauer der Teelichte.

Meine Vermutung: _____

Meine Beobachtung: _____

Versuch 3

- Führt den abgebildeten Versuch durch.
- Verwendet zwei gleich große Gläser und unterschiedlich große Bauklötze.
- Messt die Brenndauer der Teelichte.

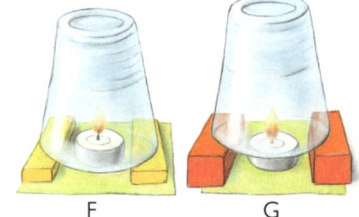

F G

Meine Vermutung: _____

Meine Beobachtung: _____

Versuche zur Brenndauer von Kerzen in verschiedenen Versuchsaufbauten durchführen
(Größe der Gläser bzw. Anzahl der Teelichte variiert …);
vorab eigene Vermutungen aufschreiben und anschließend die Beobachtungen notieren

Brennen und löschen

1 Ergänze den Merksatz.

Damit ein Feuer entstehen kann, müssen drei Bedingungen erfüllt sein:

Es muss ein _____ vorhanden sein, zum Beispiel Holz.

Dieser muss auf eine _____ erwärmt werden.

_____ aus der Luft muss hinzukommen.

Will man ein Feuer löschen, muss man mindestens

_____ Brandbedingung beseitigen.

2 Betrachte die Bilder. Notiere, wie das Feuer gelöscht werden kann. Begründe.

_____

_____

_____

_____

_____

_____

 In einigen Bundesländern sind Rauchmelder in Wohnräumen vorgeschrieben. Begründet, warum diese Rauchmelderpflicht eingeführt wurde.

Den Merksatz ergänzen; für verschiedene Brände geeignete Löschmaßnahmen benennen und die Entscheidung begründen; versuchen zu begründen, warum Rauchmelder in Wohnräumen sinnvoll sind

Informationen im Internet suchen

1 Suche im Internet nach Informationen, die du benötigst, um an dem Wettbewerb teilnehmen zu können.

Schritt 1:
Was will ich wissen?

_____

_____

Schritt 2:
Am Computer starte ich das Internetprogramm. Ich öffne die Kinder-Suchmaschine www.fragfinn.de.

Schritt 3:
Welche Suchwörter gebe ich ein?

_____

_____

Schritt 4:
Ich sehe mir die Suchergebnisse an. Ich wähle eine passende Internetseite aus, die mir beim Bau des Turms weiterhelfen kann.

Schritt 5:
Was habe ich über die Skelettbauweise und über den Bau meines Turms erfahren?

2 Schreibe und/oder zeichne Skizzen zum Schritt 5.

 Veranstaltet den Turmbau-Wettbewerb auch in eurer Klasse.

Zu einem vorgegebenen Thema im Internet recherchieren, dabei die Schrittfolge dokumentieren; erworbenes Wissen zur Skelettbauweise in einem eigenen „Turmbau-Wettbewerb" anwenden

S. 4, S. 5

Mein Tag mit Medien

1 Notiere Beispiele für Medien, die du nutzt.

Schulbücher, _____

_____

_____

2 Wie lange nutzt du verschiedene Medien an einem Tag? Fülle die Tabelle aus.

Meine Mediennutzung am: _____			
Medium	**Dauer**	**Medium**	**Dauer**
Schulbücher	min		min
Fernseher	min		min
	min		min
	min		min

3 Erstelle mit den Tabellenwerten ein Medien-Diagramm.

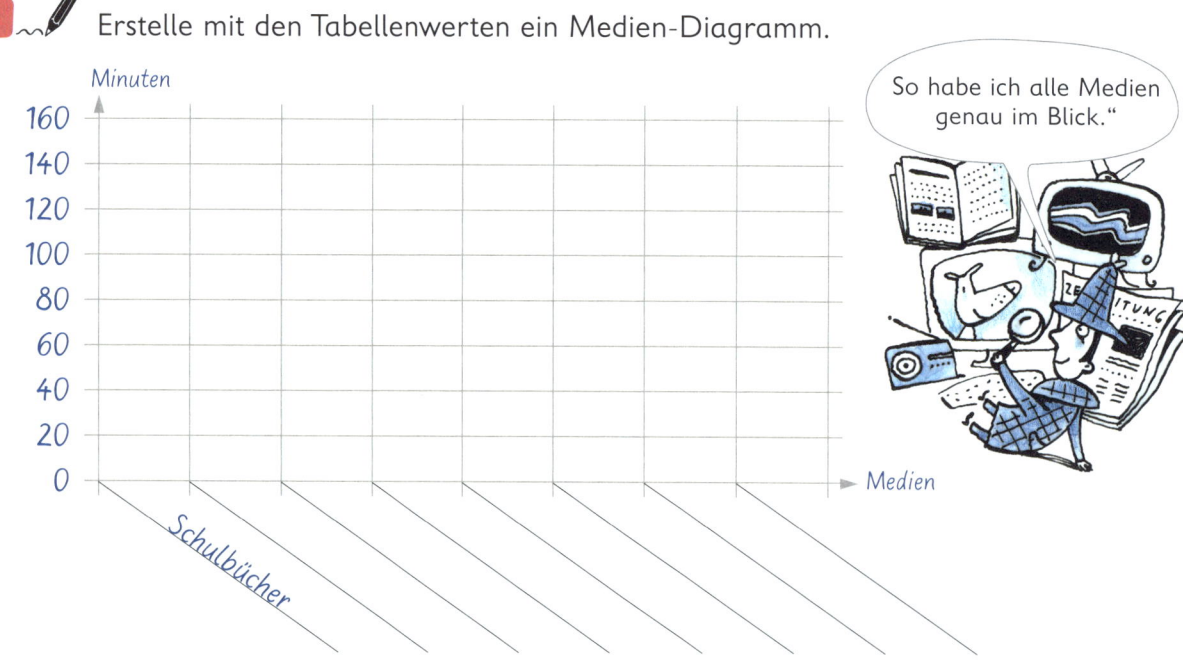

Minuten

160
140
120
100
80
60
40
20
0

Schulbücher

Medien

"So habe ich alle Medien genau im Blick."

4 Vergleicht eure Ergebnisse. Welche Medien solltet ihr öfter/seltener nutzen?

Den eigenen Medienkonsum an einem Tag reflektieren (Medium und Dauer der Nutzung);
Ergebnisse in einer Tabelle/einem Diagramm festhalten;
Rückschlüsse zum eigenen Medienkonsum ziehen

S.7

Wie sich Pflanzen verbreiten

Damit neue Bäume, Sträucher oder Kräuter wachsen können, müssen die Samen
dieser Pflanzen an fruchtbare Orte gelangen. Dabei haben die Pflanzen viele
Helfer: Menschen, Tiere, wie Vögel und Säugetiere, Wasser und Wind.

1 Ergänze mit Hilfe dieser Bilder, auf welchem Weg sich Samen verbreiten.

_____ _____ *anhaften* _____

2  Wie verbreiten sich diese Pflanzen?
• Ordne die Buchstaben A, B, C, D zu.

☐ Linde   ☐ Klette   ☐ Holunder   ☐ Weißdorn   ☐ Vogelbeere   ☐ Birke

☐ Ahorn   ☐ Sumpfdotterblume   ☐ Löwenzahn   ☐ Kletten-Labkraut   ☐ gelbe Teichrose

• Vergleicht eure Ergebnisse und begründet eure Lösung.

3 Sammelt Früchte oder Samen in Klarsichttüten. Zeichne je ein Beispiel:

eine Frucht mit Samen,
die der Wind verbreitet

eine Frucht mit Samen,
die Vögel verbreiten

eine Frucht mit Samen,
die an Tierfellen haftet

Erworbenes Wissen über die Verbreitung von Pflanzen wiederholen und anwenden
und mit Partnern oder in Gruppen begründen; Früchte und Samen sammeln, zeichnen
und den Weg ihrer Verbreitung aus ihren Merkmalen heraus ableiten

In der Hecke

In der Hecke können viele Pflanzen keimen, wachsen, blühen und Früchte bilden.
Hier leben auch viele Tiere. Dort finden sie Nahrung, Schutz und Behausungen.
Einige Tiere ernähren sich von den Pflanzen in der Hecke, manche Tiere fressen
andere Tiere, die dort leben. Etliche Bewohner fressen Pflanzen und Tiere.
Alle zusammen sind in einem Nahrungsnetz eng miteinander verbunden.

1 Stelle mit Pfeilen ein Nahrungsnetz von Pflanzen und Tieren dar:
Wer frisst was oder **wen**?

Sich in der Gruppe zum Merksatz austauschen;
ein Schaubild gemeinsam betrachten und interpretieren;
Nahrungsnetze verdeutlichen

 S. 2

Überlebenskünstler im Getreidefeld

1 Benenne die Pflanze und male sie aus.
Nutze für den Steckbrief das Internet
oder ein Bestimmungsbuch.

Pflanzensteckbrief	Name:
Lebensraum:	
Farbe der Blütenköpfchen:	
Blütezeit: *von* *bis*	
Stängel:	
Blattform:	
Wuchshöhe: *zwischen* *und* *cm*	

2 Suche eine Pflanze auf einem Feld.
- Presse die Pflanze und lege zu ihr
  ein Herbarblatt an.
- Vielleicht findest du zu der Pflanze
  noch etwas Seltsames, Spannendes,
  eine Geschichte, ein Gedicht oder ein Rätsel.
- Schreibe oder male auf ein Extrablatt.

> Zu diesen Pflanzen
> des Feldes kannst du auch
> ein Bestimmungsbüchlein
> gestalten.

★  Finde heraus, wie diese Pflanzen heißen.

Kenntnisse über die Gestaltung eines Steckbriefes anwenden; selbst zum Steckbrief recherchieren
und die Ergebnisse dokumentieren; *wahlweise:* zu ausgewählten Feldpflanzen
(in alphabetischer Reihenfolge: Ackerkratzdistel, Ackersenf, Klatschmohn, Margerite) ein Bestimmungsbuch gestalten

Gesucht wird ...

... dieses Tier.

1 ✏️ Informiere dich.
Vervollständige diese Seite.

Es ist erwachsen _____ cm groß, wiegt etwa _____ g

und hat ein _____ Fell.

Unter der Erde gräbt es seinen _____,

der durch weit verzweigte _____ verbunden ist.

Durch mehrere _____ gelangt es nach draußen.

Dort sucht es Nahrung: _____

_____.

Jährlich bringt das Weibchen in einem *N*_____ insgesamt

bis zu _____ Junge zur Welt.

Viele andere Tiere jagen es, zum Beispiel:

_____.

Das Tier heißt | | e | | | | u | |

Hilfe aus dem Internet: Suchmaschine wählen, Suchnamen eingeben.

Nach diesen Tieren könnt ihr fahnden.

| e | | d | | a | | | ▶

| e | | l | | c | h | | ▶

◀ | F | | d | | e | u | | | r | | e | | e |

Lückentext durch Informationen aus eigener Recherche vervollständigen; die durch Fotos abgebildeten Tiere mit Hilfe des Internets identifizieren

 S.4

Ausschneideseite

Seite 5

Seite 25

Seite 34 und 35

Unser Kreis – ein Memory

1   Schneide die Memory-Kärtchen aus.
Beschrifte sie und klebe Bildchen auf: aus Zeitungen, Prospekten …
Du kannst auch selbst kleine Bilder malen und aufkleben.

Name der Kreisstadt _____ _____	Klebe ein Bild von der Kreisstadt auf.	**Name des Kreises** _____ _____	Klebe einen Umriss des Kreises auf: Du kannst ihn von S.2 abzeichnen.
Nenne eine Landschaft im Kreis _____ _____	Klebe ein Bild von der Landschaft auf.	**Wappen der Kreisstadt** _____ _____	Klebe ein Bild des Wappens auf.
Nenne ein Gewässer im Kreis _____ _____	Klebe ein Bild des Gewässers auf.	**Eine Sehenswürdigkeit im Kreis** _____ _____	Klebe ein Bild der Sehenswürdigkeit auf.
Nenne ein eigenes Beispiel _____ _____	Klebe ein passendes Bild auf.	**Ein Handwerks- oder Industriebetrieb** _____ _____	Klebe ein Bild des Betriebes auf.

Bild- und Fotonachweis

5 Corel Library (l.); Fotolia.com/Unclesam (M.l.); picture-alliance/WILDLIFE/D. Harms (M.r.); Fotolia Deutschland GmbH (r.); 10 argus/Schwarzbach (l.); ILO © 1996–2005, Genf/ C. Cabrera (r.); 12 Cornelsen Verlagsarchiv; 13 Gerhard Medoch, Berlin; 16 Reinhard, Heiligkreuzsteinach (l.o.); Steffen Weidinger, Berlin (l.u.); Jörg Lenuweit, Buchloe (l.M.); picture-alliance/dpa/epa/AFP/Brown (r.u.); Corel Library (M.u.); Peter Wirtz, Dormagen (r.o.); 31 Cornelsen Verlagsarchiv; 33 akg-images, Berlin (o.); Peter Hartmann, Potsdam (u.); 39 Horst Theuerkauf, Gotha (o.); Blickwinkel/K.Wothe (u.); 41 Corel Library (o.); Stefan Wagner (u.); 42 Corel Library (o.); picture-alliance/dpa/Pfeiffer (u.); 43 Thomas Willemsen (o.); Corel Library (2.v.o., 3.v.u., 2.v.u., u.); Astrid Semmer, Berlin (3.v.o.); 46 Fotolia, Kevin Cable (o.); Stefan Wagner, Berlin (M., u.); 48 Cornelsen Verlagsarchiv; 51 Harald Lange NaturBild, Bad Lausick; 52 Harald Lange NaturBild, Bad Lausick (o., l.); WILDLIFE/Hamblin (u.r.); 53 WILDLIFE/D. Harms (1); Corel Library (2); Fotolia.com/HLPhoto (3); Wikipedia/GNU/H. Zell (4); IMA (5, 6, 7); www.Landesbildarchivbildung-ISA.de (8); Cornelsen Verlagsarchiv (9); Mauritius, Mittenwald/Mehlis (10); Westfälisches Freilichtmuseum Detmold (11); picture-alliance/akg-images, Berlin (12)

Wegweiser

2 laif, Köln/Bialobrzeski; 10 Karte: Peter Kast Ingenieurbüro für Kartographie, Wismar